Sie wusste nicht,
dass es unmöglich war,
also taten sie es.

Mark Twain

Originaltitel
»Le petit Guili«
Text und Illustration: Mario Ramos

Druck und Verarbeitung:
EuroPB, s.r.o., Tschechische Republik
ISBN 978-3-85452-199-0

Informationen über das aktuelle Programm
des Picus Verlags und Veranstaltungen unter
www.picus.at

Mario Ramos

König sein

Aus dem Französischen
von Alexander Potyka

Picus Verlag Wien

Leo war klein, sehr klein,
aber er hatte allen große Versprechen
gemacht.

Am Tag, als er König wurde,
gab es ein großes Fest.
Alle, alle Tiere waren eingeladen.

Doch dann veränderte sich Leo.
Er ernannte die größten Gorillas zu Soldaten
und bezahlte sie mit Erdnüssen.

Wer ihn besuchen wollte,
musste erst tagelang warten.
Dann wurde man nur auf Knien zu ihm
vorgelassen und musste zu Boden blicken,
ganz leise sprechen,
um seinen Mittagsschlaf nicht zu stören,
und »Eure Majestät« zu ihm sagen.

Die Tiere fingen an zu protestieren.

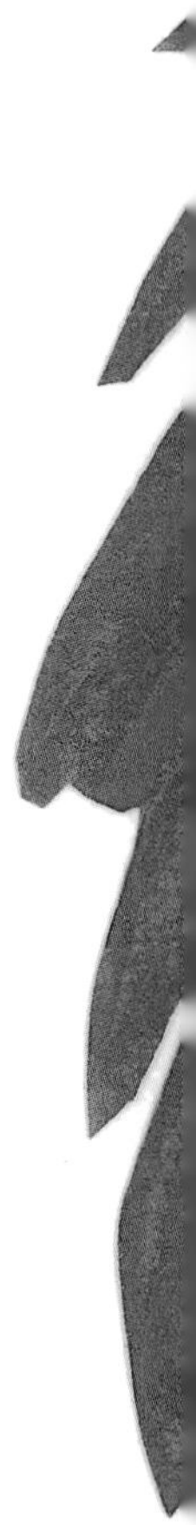

Nun wurde Leo grausam.
Sehr grausam.

Und je böser er wurde,
umso größer kam er sich vor.
Schrecklich groß.

Auf seinem Thron stehend begann er,
die Gesetze nach seinen Launen zu ändern.
Die anderen Tiere bekamen es bald
mit der Angst zu tun.

Eines Tages erfand er ein Gesetz,
das den Vögeln das Fliegen verbot.
Die Eltern sollten ihren eigenen Vogelkindern
schon bei der Geburt die Flügel brechen.

Das wollten sich die Tiere
nicht länger gefallen lassen.

Um seine Untertanen zu beschäftigen und abzulenken,
begann Leo einen Krieg mit den Nachbarn.

Von seinem Balkon aus betrachtete er die blutige Schlacht.
Das gefiel ihm sehr.

Am Rande des Königreichs lebte Marie.
Marie war sehr traurig, sehr sehr traurig.
Denn ihr geliebter Mann war im Krieg von einem Dickhäuter
zerquetscht worden und sie erwartete ihr erstes Kind.

Als ihr Junges zur Welt kam, purzelte und stolperte es aus seinem Ei heraus.

»Du bist aber ein witziges Kerlchen!
Ich werde dich Gilli nennen, mein kleines Gillischätzchen«, sagte Marie und umarmte ihn.

Marie liebte ihren Sohn so sehr, dass sie vergaß,
ihm die Flügel zu brechen.
Sie brachte ihm bei, wie man den großen Tieren
ausweicht, um nicht zerquetscht zu werden,
wie man auf einer Leiter auf Bäume klettert
und was man tun muss, um nicht herunterzufallen.

Gilli war sehr neugierig
und hatte vor nichts Angst.
Es machte ihm Spaß,
seine Freunde mit seinen Streichen
zum Lachen zu bringen.

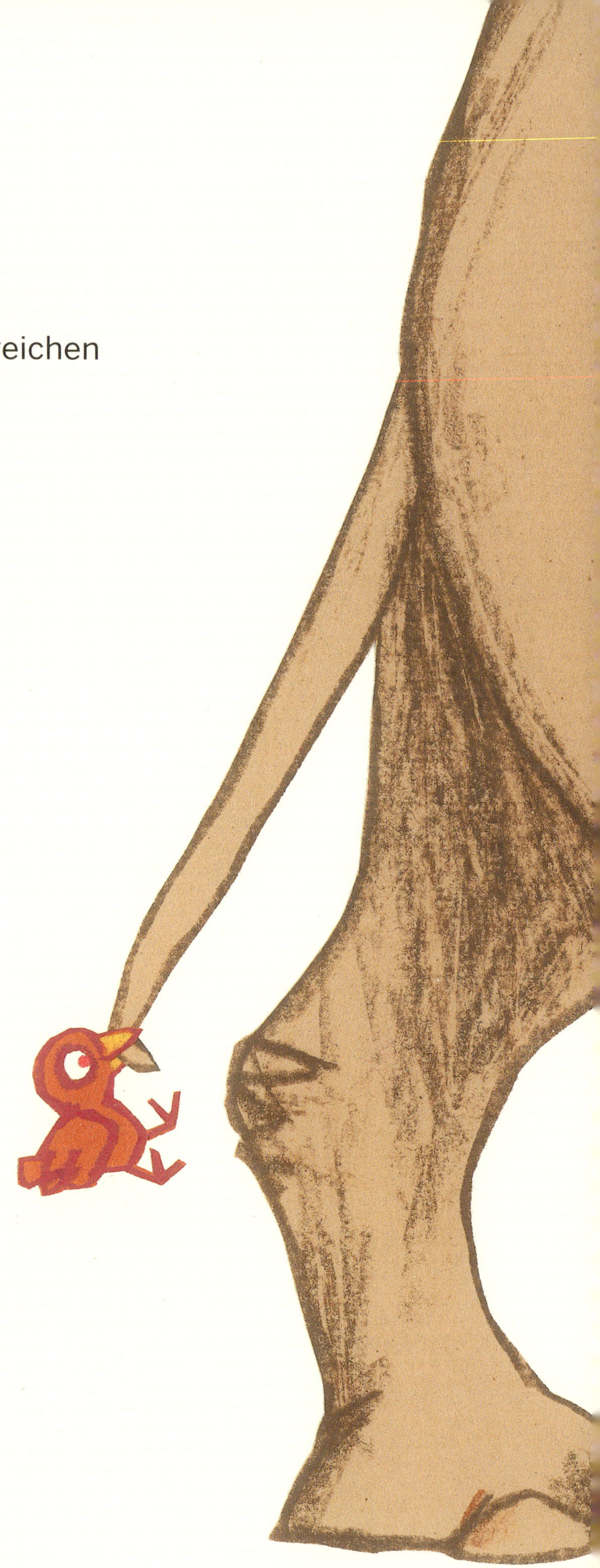

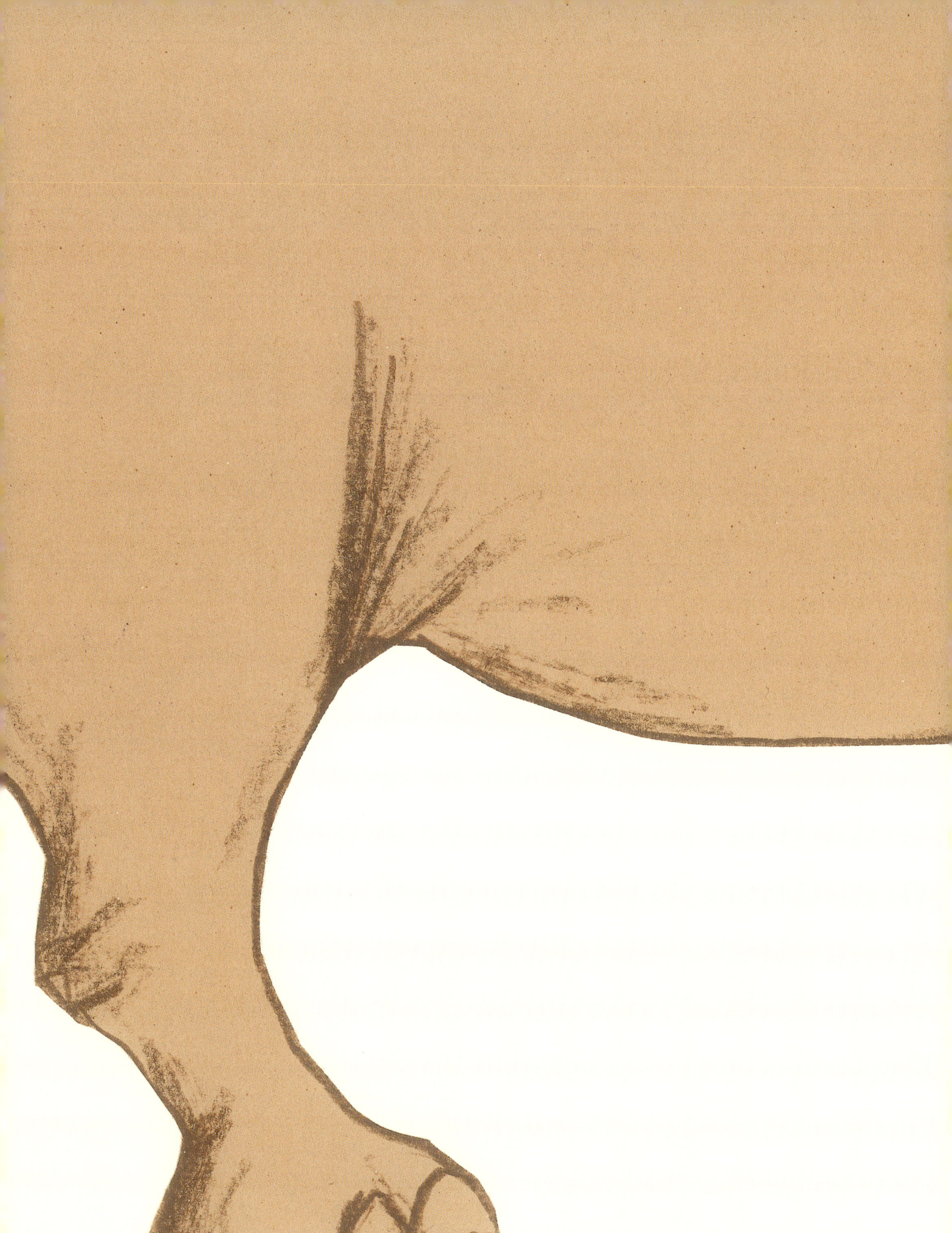

Der Krieg aber, den Leo begonnen hatte,
hörte nicht mehr auf.
Leo versprach, dass alles besser werden würde.
Eines Tages zog der Tross des Königs dort vorbei,
wo Gilli wohnte.
»Hoch lebe der König«, riefen die Tiere.
»Wieso eigentlich?«, fragte Gilli.
Alle Tiere drehten sich zu ihm.
»Wenn er so böse ist, warum ist er dann König?«,
fragte Gilli.
»Weil er die Krone trägt«, antworteten die Tiere.
»Das ist ja lächerlich!«, rief Gilli,
bewegte die Flügel und … flog davon.
Die Tiere hielten erschrocken den Atem an.

Gilli flog bis zum König
und schnappte ihm die Krone vom Kopf.
»Reißt ihm die Flügel aus,
stecht ihm die Augen aus,
verbrennt ihn bei lebendigem Leib!«,
brüllte Leo, tobend vor Wut.

Aber gegen einen kleinen Vogel,
der durch die Luft fliegt,
ist jeder machtlos.

Gilli sah ein Schwein und setzte ihm die Krone auf.
Da hielten sich alle Tiere die Bäuche vor Lachen.

Aber das Schwein lachte nicht.
Im Gegenteil.
Es nahm seine Rolle sehr ernst und verkündete:

»Einmal im Jahr waschen,
das genügt von jetzt an völlig.
Und Fleischfressen ist künftig verboten.«

»Lächerlich!«, sagte Gilli, nahm dem Schwein die Krone wieder weg und setzte sie dem Krokodil auf den Kopf.

Da verkündete das Krokodil:
»Alle fetten, kleinen Ferkelchen haben sich zur Mittagszeit in Achtergruppen bei mir zu melden!«

»Lächerlich!«, sagte Gilli, nahm die Krone und setzte sie dem Esel auf den Kopf, der rief:

»Lesen und schreiben ist ab sofort verboten ... Und nachdenken auch!«

»Lächerlich!«, sagte Gilli, nahm dem Esel die Krone wieder weg und setzte sie dem Elefanten auf den Kopf, der sogleich forderte:

»Man bringe mir sechsunddreißig warme Mahlzeiten ans Bett und zerquetsche alle kleinen Mäuse.«

»Lächerlich!«, sagte Gilli, nahm dem Elefanten die Krone wieder weg und setzte sie dem Hund auf den Kopf, der bestimmte:

»Ab sofort ist bellen für alle Tiere Pflicht,
und mit dem Schwanz wedeln erst recht.«

»Lächerlich!«, sagte Gilli, nahm dem Hund die Krone wieder weg und setzte sie dem Fuchs auf den Kopf, der sogleich verkündete:

»Von heute an sollen alle Hühner und Kaninchen, alle Gänse und alle Enten nur mehr frei herumlaufen. Ich möchte keine Ställe mehr sehen!«

»Lächerlich!«, sagte Gilli, nahm ihm die Krone weg und setzte sie dem Gorilla auf den Kopf,
der kratzte sich ganz lange den Schädel und murmelte:

»... vielleicht sollten wir die Krone einfach wieder dem Löwen zurückgeben?«

»Völlig lächerlich!«, sagte Gilli, nahm die Krone in den
Schnabel und flog ganz hoch in den Himmel hinauf,
bis man ihn nicht mehr sehen konnte.

Gilli flog sehr lange,
bis er eine riesige blaue Fläche entdeckte.
Hier ließ er die Krone fallen.
Die fiel und versank im Meer.
Erleichtert beschloss Gilli,
sich auf den Weg in neue Welten zu machen.

Tief unten im Meer jedoch machte der kleine Fisch Nero den Meeresbewohnern viele große Versprechungen ...